CATALOGUE

DES

OBJETS D'ART

ET

D'AMEUBLEMENT

DU XVIIIE SIÈCLE

PORCELAINES — ÉVENTAILS

OBJETS VARIÉS, BRONZES

MEUBLES DE SALON EN ANCIENNE TAPISSERIE

MEUBLES VARIÉS

Provenant de la Collection de M. le Vicomte B...

ET DONT LA VENTE AURA LIEU, A PARIS

HOTEL DROUOT, SALLE N° 1

Le Samedi 8 Avril 1905

à deux heures

COMMISSAIRE-PRISEUR

Me PAUL CHEVALLIER

10, rue Grange-Batelière

EXPERTS

MM. MANNHEIM

7, rue Saint-Georges

EXPOSITION PUBLIQUE

Le Vendredi 7 Avril 1905, de une heure 1/2 à cinq heures 1/2

CONDITIONS DE LA VENTE

Elle sera faite au comptant.

Les acquéreurs payeront *dix pour cent* en sus des prix d'adjudication.

Paris. — Imp. de l'Art, E. Moreau et Cie, 41, rue de la Victoire.

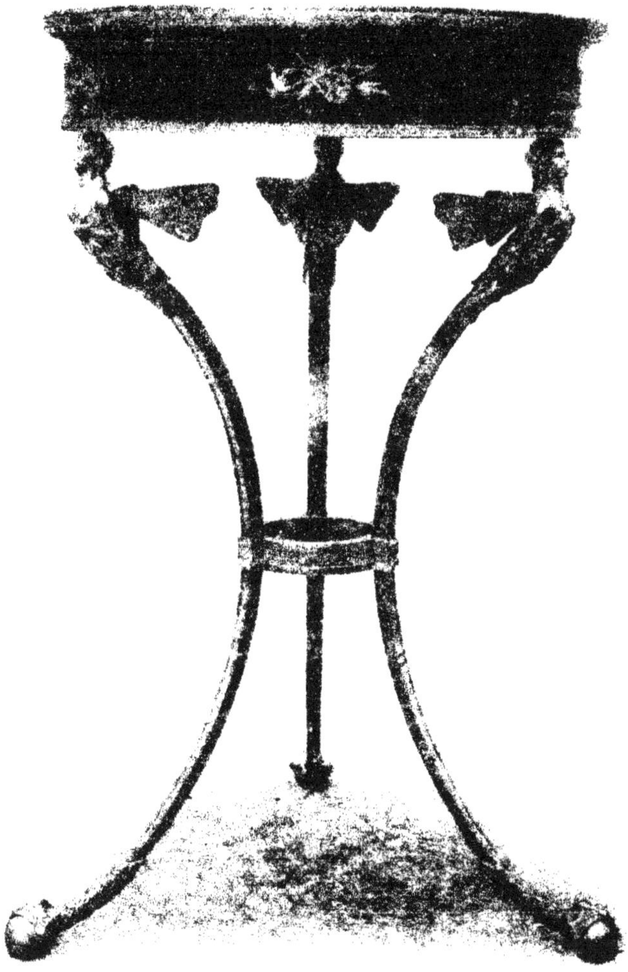

CONDITIONS DE LA VENTE

73

Phototypie Berthaud, Paris

DÉSIGNATION

PORCELAINES ET FAIENCES

1 — Trois pots à crême, avec couvercles. Porcelaines variées.

2 — Poelon, fleurs. Ancienne porcelaine à la Reine.

3 — Cafetière avec couvercle, fleurs. Ancienne porcelaine à la Reine.

4 — Cafetière, médaillon et draperies. Ancienne porcelaine dure.

5 — Service en ancienne porcelaine de Paris, fleurs : théière, sucrier, pot à lait, douze tasses avec soucoupes.

6 — Petit vase avec couvercle, médaillon en grisaille. Ancienne porcelaine d'Allemagne.

7 — Plateau, deux tasses avec soucoupes, sucrier avec couvercle et pot à lait. Saxe surdécoré.

8 — Tasse et soucoupe, paysages. Saxe.

9 — Tasse et soucoupe, paysages, fond jaune. Saxe.

10 — Beurrier avec couvercle et plateau fixe, médaillon et fleurs. Ancienne porcelaine de Frankenthal.

11 — Tasse et soucoupe analogues.

12 — Groupe en ancienne faïence blanche de Hœchst de style antique.

13 — Tasse obconique et soucoupe en ancienne porcelaine tendre de Vincennes, oiseaux, fond bleu dit de Vincennes.

14 — Tasse et soucoupe, oiseaux, fond gros-bleu, en ancienne porcelaine tendre de Sèvres. Décor par *Aloncle*. Année 1763.

15 — Théière avec couvercle, pot à lait et deux tasses avec soucoupes, en ancienne porcelaine tendre de Sèvres, fleurs en camaïeu rose. Année 1765.

16 — Tasse et soucoupe, fleurs, en ancienne porcelaine tendre de Sèvres. Décor par *Thevenet père*.

17 — Autre. Décor par *Parpette* et *Commelin*.

18 — Soucoupe, oiseaux et guirlandes, en ancienne porcelaine tendre de Sèvres. Décor par *Evans*.

19 — Théière, avec couvercle, en ancienne porcelaine de Sèvres, pâte tendre, fleurs, réserves sur fond bleu. Décor par *Buteux*.

20 — Sucrier à deux anses, médaillon, fond jaune. Ancienne porcelaine tendre de Sèvres. Année 1791. Décor par *Buteux aîné*.

21 — Sucrier, avec couvercle, guirlandes et œils de perdrix. Ancienne porcelaine tendre de Sèvres. Décor par *Noël*.

22 — Sucrier, avec couvercle et sur plateau fixe, en ancienne porcelaine tendre de Sèvres : fleurs.

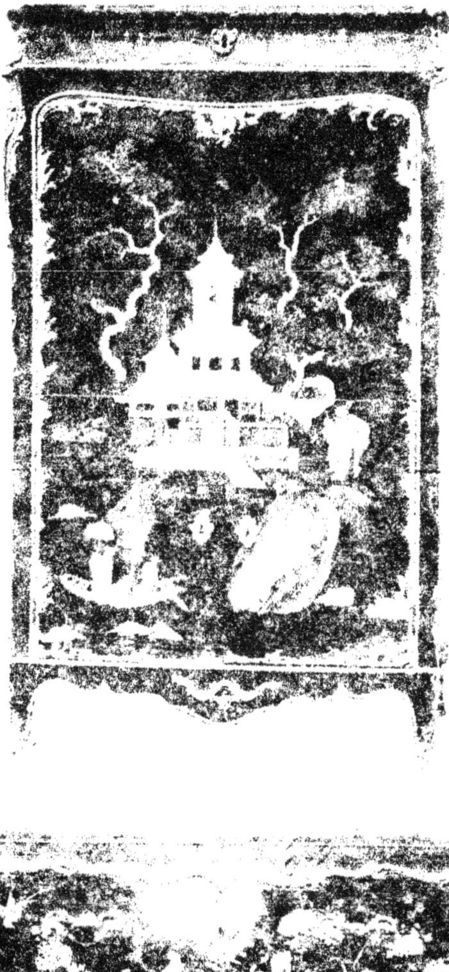

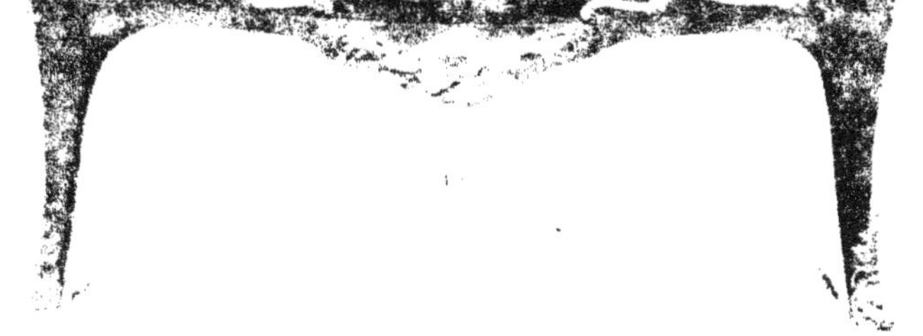

2g

12
Dau

2
Mann

8

20
Duf

16
Pi

2

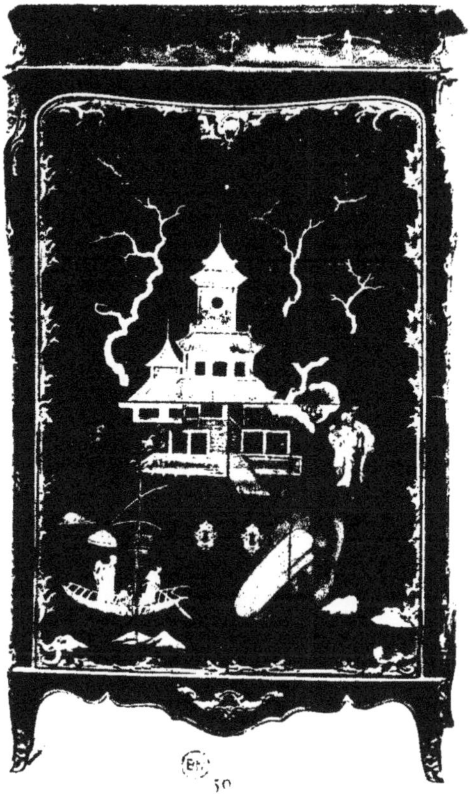

50

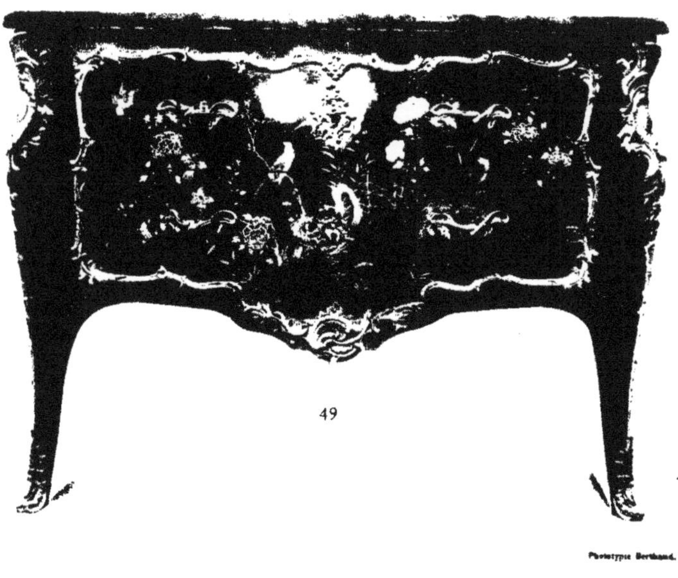

49

Phototypie Berthaud, Paris

23 — Écuelle, avec couvercle et plateau, en ancienne porcelaine dure blanche de Sèvres. Dorure par *Jubin.*

24 — Plateau rond, fond bleu-turquoise, porcelaine tendre de Sèvres. Époque Révolutionnaire.

25 — Tasse et soucoupe, personnages de style européen. Ancienne porcelaine de Chine.

26 — Autre : amours. Même porcelaine.

27 — Service en ancienne porcelaine de l'Inde, fleurs : théière, pot à lait, sucrier, six tasses et six soucoupes.

28 — Six tasses et six soucoupes, fleurs. Même porcelaine.

29 — Légumier, avec couvercle et plateau, fleurs. Ancienne faïence allemande.

ÉVENTAILS, OBJETS VARIÉS

30 — Éventail, du temps de Louis XVI, à monture d'ivoire, feuille à trois sujets chinois.

31 — Éventail, du temps de Louis XVI, à monture d'ivoire ; sur la feuille : le Concert dans un parc.

32 — Éventail, du temps de Louis XVI, à monture d'ivoire : sur la feuille : une ferme.

33 — Éventail, du temps de Louis XVI, à monture d'ivoire ; sur la feuille : allégorie de l'Amour.

34 — Éventail, du temps de Louis XVI, à monture d'ivoire : sur la feuille : sujet galant.

40 35 — Éventail, du temps de Louis XVI, à monture d'ivoire; sur la feuille: trois femmes dans un parc, et deux médaillons.

40 36 — Éventail, du temps de Louis XVI, à monture d'ivoire; sur la feuille: paysage animé.

60 37 — Éventail, du temps de Louis XVI, à monture d'ivoire; sur la feuille: quatre femmes dans la campagne.

56 38 — Trois éventails variés.

56 39 — Deux cornets, en tôle peinte: attributs de musique et fleurs sur fond blanc. Époque Louis XVI.

8.000 Lang 40 — Huit panneaux, gravures en couleurs: scènes pastorales, d'après *Boucher*. Signés: *L. L. Grand*. Encadrés.

Haut., 1 m. 60 cent.; larg., 68 cent.

155 41 — Harpe de Naderman en bois peint vert et or. Époque Consulat.

375 Ristelhuber 42 — Deux candélabres, à trois lumières, en bronze patiné et doré: amours assis tenant les bouquets de lumières; socles en marbre blanc et de couleur. Époque Louis XVI.

315 43 — Deux bras-appliques, à deux lumières, en bronze: feuillages et vases. Époque Louis XVI.

250 44 — Deux petits flambeaux en bronze doré et marbre blanc, à feuillages. Époque Louis XVI.

910 45 — Paire de chenets en bronze doré, à vases et galeries. Epoque Louis XVI.

2 gravures sur soie 40
Petite gouache, paysage 18e 300
Portrait de femme décolletée école franç — 5.950 Lefebvre

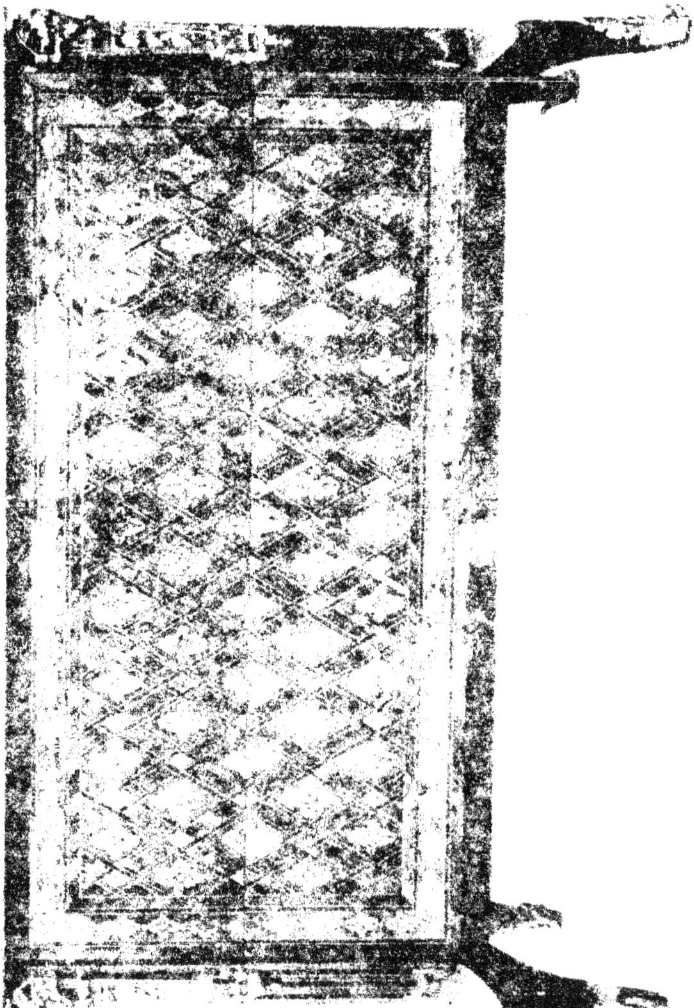

4

6

56

5

2.0

15

37.
Ristel

315

250

910

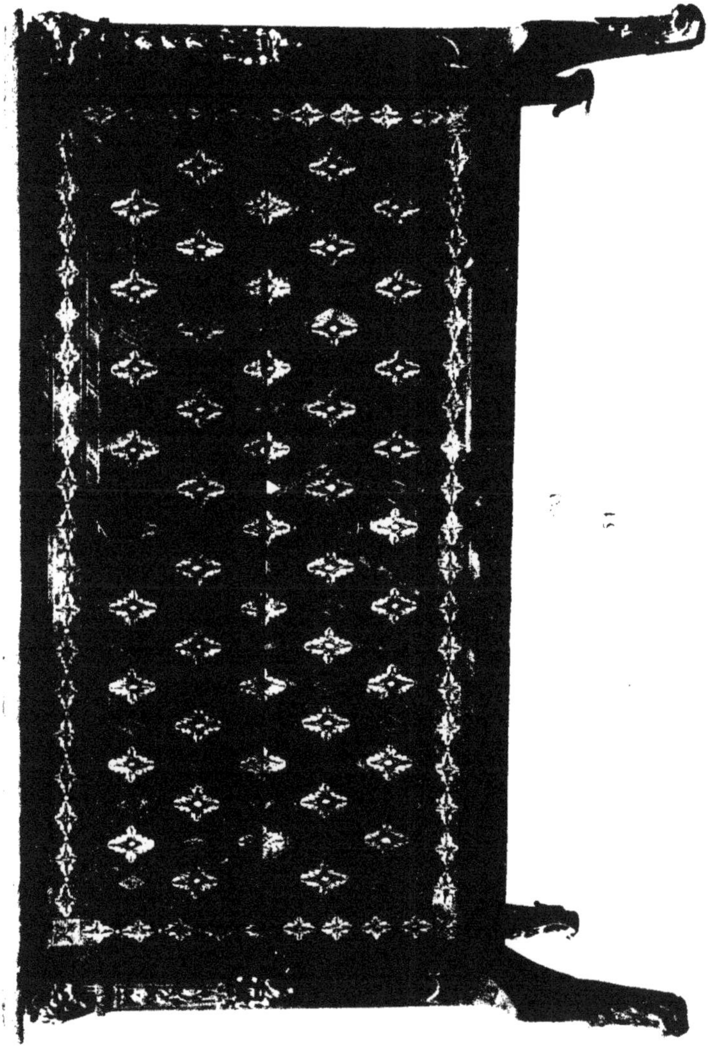

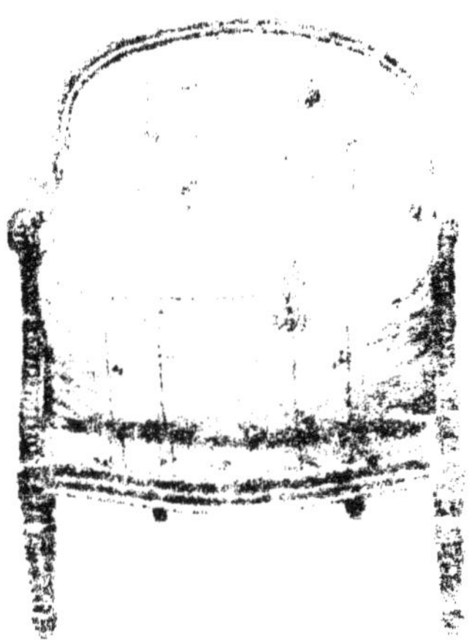

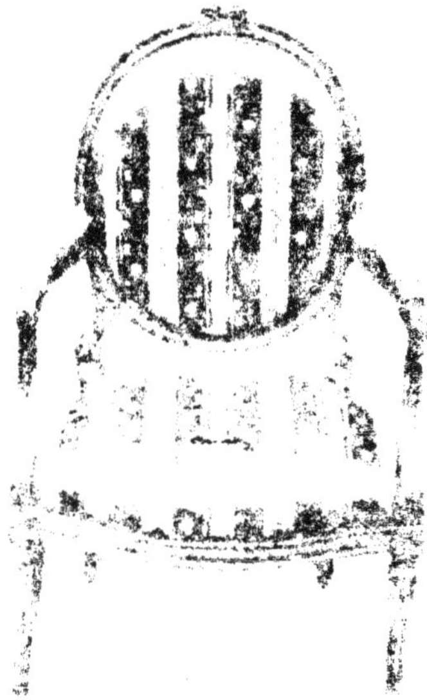

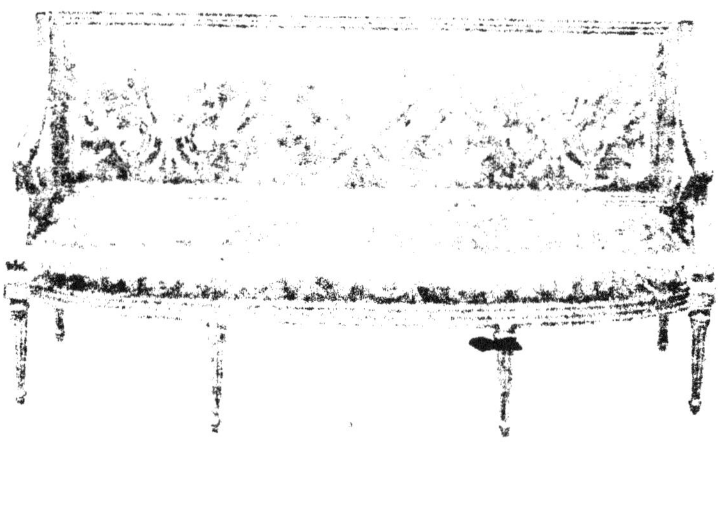

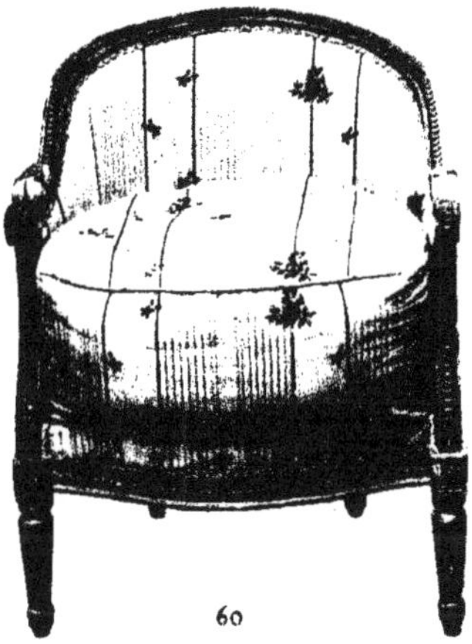

60

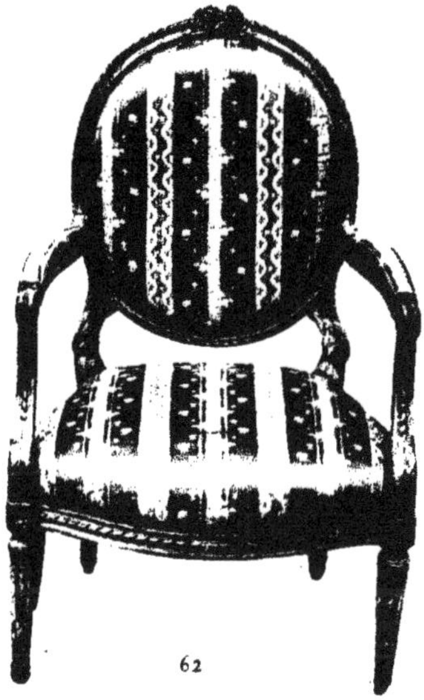

62

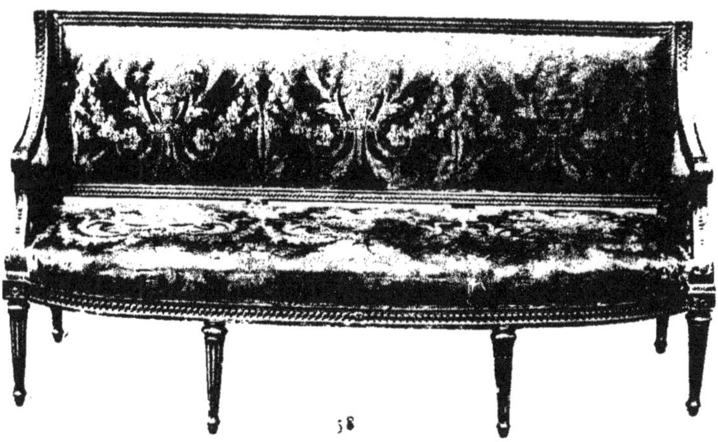

58

Phototypie Berthaud, Paris

MEUBLES DIVERS

46 — Petite commode Régence, à trois rangs de tiroirs, en bois de placage. Garnitures de bronzes. Dessus de marbre.

47 — Chaise-longue, en deux parties, en bois peint blanc et or, à rocailles et moulures. Époque Louis XV. Elle a été recouverte de brocart.

Larg., 80 cent.

48 — Commode, à deux rangs de tiroirs, en bois de placage, garnitures de bronzes. Dessus de marbre. Époque Louis XV.

Larg., 1 m. 10 cent.

49 — Commode, à deux tiroirs, en bois laqué, de style chinois, à fleurs et rinceaux, garnitures de bronzes. Dessus de marbre. Époque Louis XV.

Larg., 1 m. 27 cent.

50 — Secrétaire à abattant, portes et tiroirs, en bois laqué, à paysages de style chinois, garnitures de bronzes. Signé : *Rubestuck*. Dessus de de marbre. Fin de l'époque Louis XV.

Haut., 1 m. 45 cent.; larg., 97 cent.

51 — Étagère-table de nuit, de forme ronde, en bois de placage, galeries de cuivre. Dessus de marbre. Fin de l'époque Louis XV.

Haut., 73 cent.

52 — Table à jeu triangulaire en bois de placage. Fin de l'époque Louis XV.

Haut., 65 cent.

53 — Table-bureau, à six tiroirs et tablettes latérales, en marqueterie de bois de couleurs, à sujets de chasse. Fin de l'époque Louis XV.

Long., 1 m. 19 cent.; larg., 67 cent.

54 — Commode, à deux tiroirs, en marqueterie de bois de couleur, à quadrillés et feuilles. Chutes de bronze. Dessus de marbre bleu-turquin. Fin du règne de Louis XV.

Larg., 1 m. 33 cent.; prof., 63 cent.

55 — Deux chaises en bois doré, à décor de perlés, couvertes en soie rayée et brochée à fleurs. Époque Louis XVI.

Larg., 52 cent.

56 — Bergère en bois sculpté et laqué gris, couverte en soie crème brochée à fleurs. Signée : *Foliot*. Époque Louis XVI.

Larg., 70 cent.

57 — Console en bois ajouré et doré à fleurs, pieds cannelés. Signée : *Bertel*. Dessus de marbre. Époque Louis XVI.

Larg., 72 cent.

58 — Canapé en bois sculpté et doré, à entrelacs. Époque Louis XVI. Signé : *L.-C. Carpentier*. Il a été recouvert de damas.

Larg., 1 m. 79 cent.; prof., 70 cent.

59 — Console en bois peint vert, ceinture ajourée et enguirlandée, pieds à cannelures torses. Dessus de marbre. Époque Louis XVI.

Larg., 1 m. 20 cent.

60 — Bout de chaise-longue en bois doré, à entrelacs et rangs de piastres. Signé : *Sefert*. Époque Louis XVI. Il est couvert de soie rayée et broché, à fleurs.

Haut., 35 cent.; larg., 62 cent.

61 — Table-bureau en bois de violette, à dix tiroirs et tablettes latérales. Garnitures de bronzes. Époque Louis XVI.

Long., 1 m. 60 cent.; larg., 88 cent.

62 — Fauteuil en bois sculpté et doré, à feuilles et baguettes enrubanées. Signé : *Chevigny*. Époque Louis XVI. Il est couvert de satin rayé et brochée.

Larg., 62 cent.

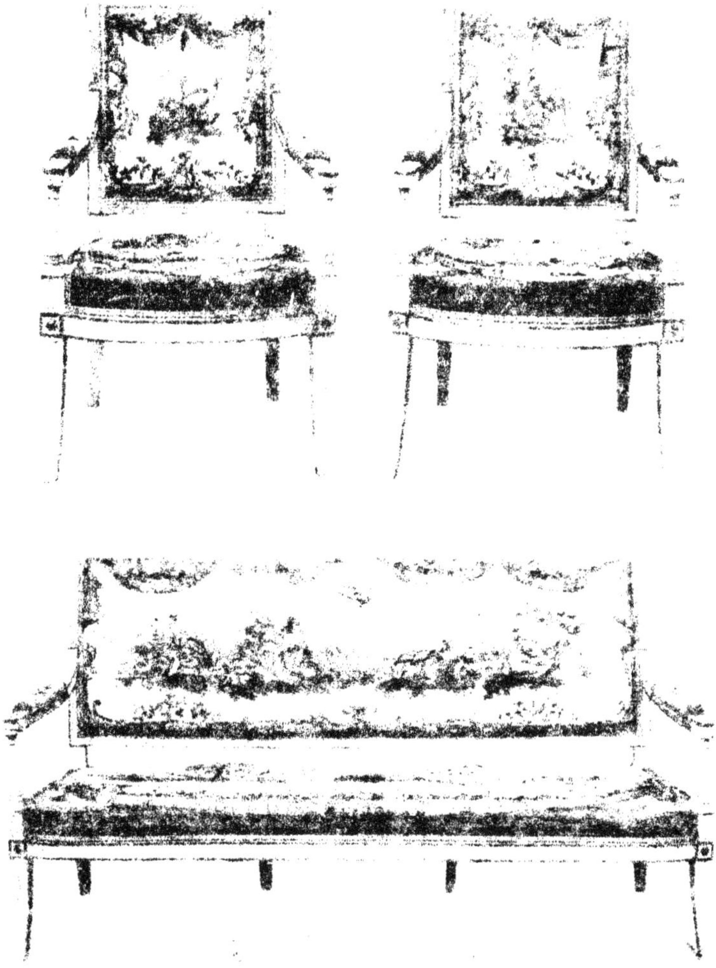

[illegible]

1.7 [illegible]
Comte [illegible]

[illegible]

mer[illegible]

[illegible]

Ri[illegible]

[illegible]

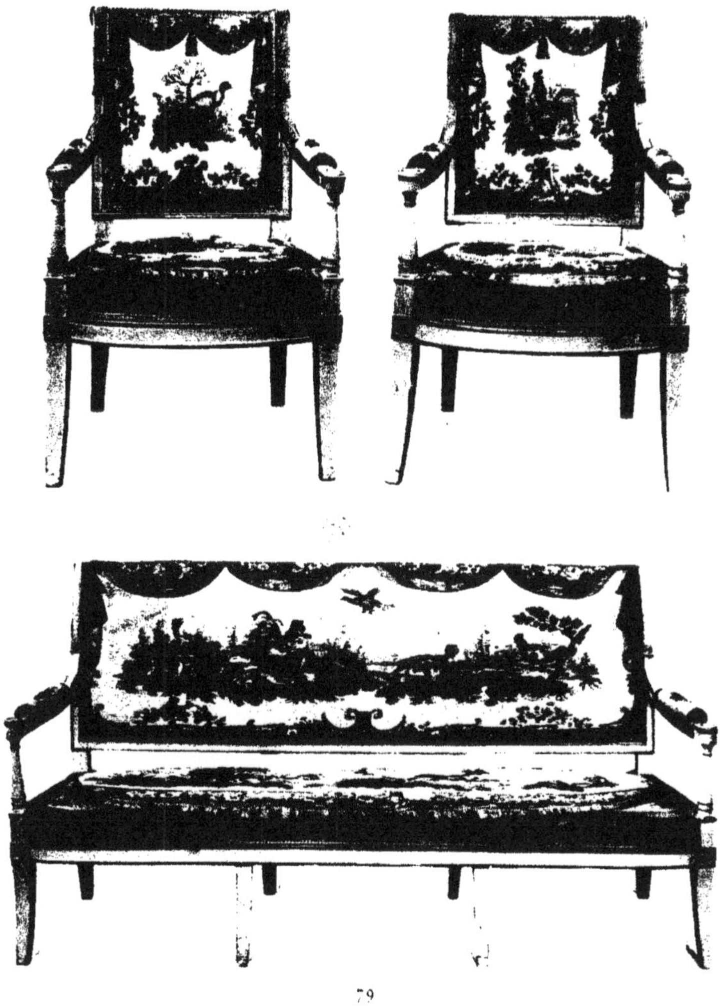

79

Phototypie Berthaud, Paris

63 — Chaise en bois peint gris et or, dossier à colonnettes. Époque Louis XVI. Elle est couverte de satin rayé et broché à fleurs.

Larg., 52 cent.

64 — Écran en bois doré, pieds à feuillages. Époque Louis XVI. Feuille en satin rayé et broché.

Haut., 1 m. 04 cent.; larg., 65 cent.

65 — Commode demi-ronde, à trois tiroirs et deux portes, en bois de placage, garnitures de bronzes. Signée : *Birckle*. Dessus de marbre. Époque Louis XVI.

Larg., 95 cent.

66 — Meuble à abattant et quatre portes, dont deux grillées, en bois de placage. Époque Louis XVI.

Haut., 2 m. 08 cent.; larg., 1 m. 10 cent.

67 — Encoignure en bois de placage, à une porte, chutes de bronze. Dessus de marbre. Signée : *Birckle*. Époque Louis XVI.

Larg., 70 cent.

68 — Console en bois doré, ceinture ajourée à entrelacs et guirlandes de lauriers, pieds cannelés. Dessus de marbre. Epoque Louis XVI.

Larg., 1 m. 10 cent.

69 — Table ovale Louis XVI en acajou, renfermant trois tiroirs et avec tablette d'entrejambes.

70 — Secrétaire Louis XVI en bois de placage, à abattant, portes et tiroirs. Dessus de marbre.

71 — Console en bois doré, à cannelures, pied à têtes d'aigles. Dessus de marbre. Fin du XVIIIe siècle.

Larg., 52 cent.

72 — Glace hollandaise en bois doré, à draperies, glands et vase. Fin du XVIIIe siècle.

Haut., 2 mètres.

73 — Guéridon rond, à pourtour de bois noir, garni d'appliques en bronze doré; piètement en bronze doré également, orné de trois cariatides de femmes ailées; pieds-griffes. Dessus de marbre de couleur. Epoque Directoire.

Diam., 50 cent.; haut., 71 cent.

74 — Guéridon rond en bois, sur trois pieds à têtes de béliers. Dessus de marbre lumachelle. Epoque Directoire.

Diam., 48 cent.; haut., 75 cent.

MEUBLES EN TAPISSERIE

TAPISSERIES

75 — Ecran en bois doré, feuille en tapisserie d'Aubusson, du temps de Louis XVI : joueur de cornemuse ; encadrements de draperies et fleurs, sur fond rouge.

Haut., 97 cent.; larg., 57 cent.

76 — Ecran en bois peint blanc, feuille en tapisserie d'Aubusson, à figure de paysanne et draperies, sur fond bleu. Epoque Louis XVI.

Haut., 99 cent.; larg., 65 cent.

77 — Deux fauteuils en bois laqué gris, couverts en tapisserie d'Aubusson, à personnages, animaux et fleurs. Epoque Louis XVI.

Larg., 61 cent.

78 — Meuble de salon en bois doré, composé d'un canapé et de six fauteuils, couverts en tapisserie d'Aubusson. Sur le dossier du canapé, un berger offre des colombes à sa bergère ; sur le siège, une chasse au tigre ; sur les dossiers des fauteuils, petits personnages ; sur les sièges, sujets composés d'animaux ; encadrement de draperies et fleurs sur fond bleu. Époque Louis XVI.

Largeur du canapé, 1 m. 76 cent.
Largeur des fauteuils, 61 cent.

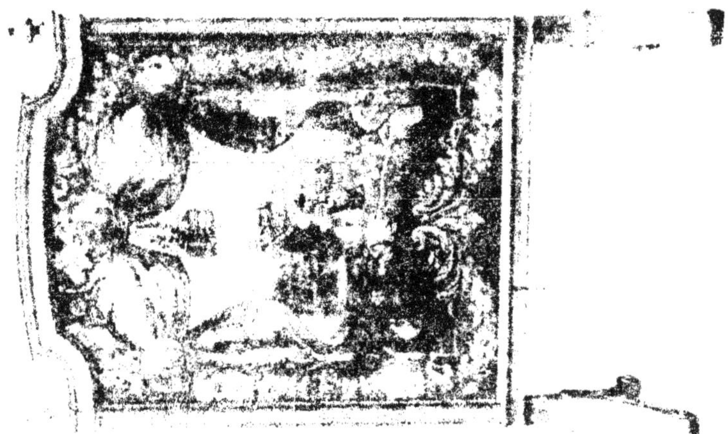

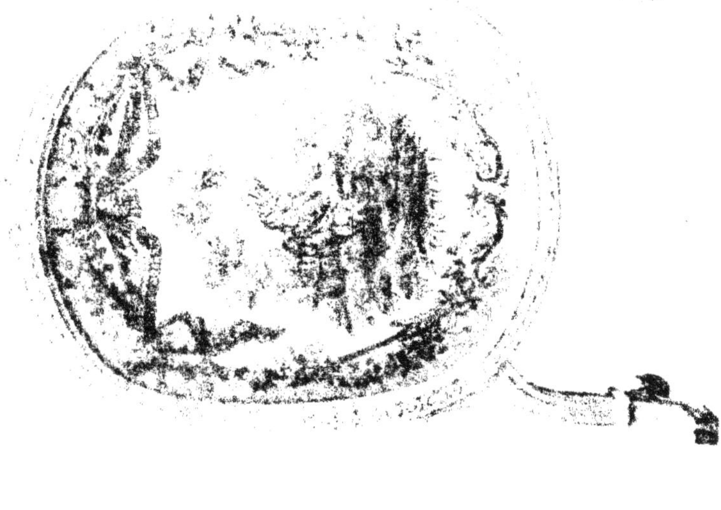

MEUBLES EN TAPISSERIE

TAPISSERIES

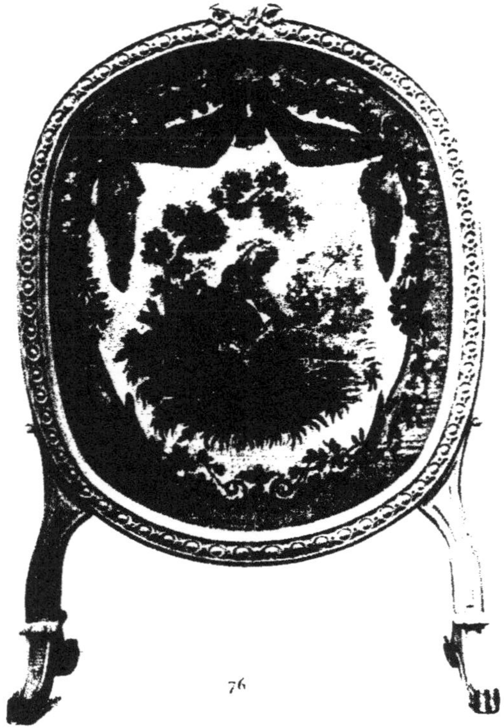

76

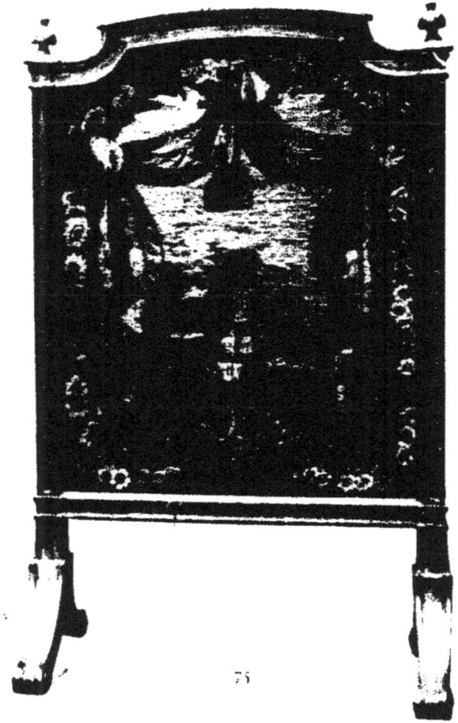

75

Phototypie Berthaud, Paris

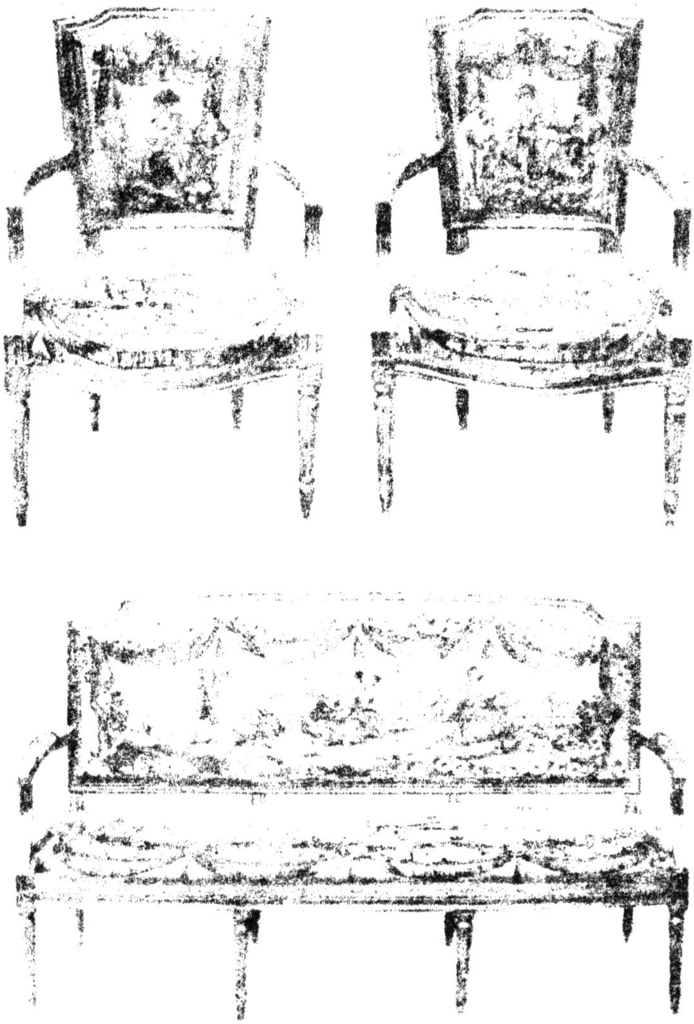

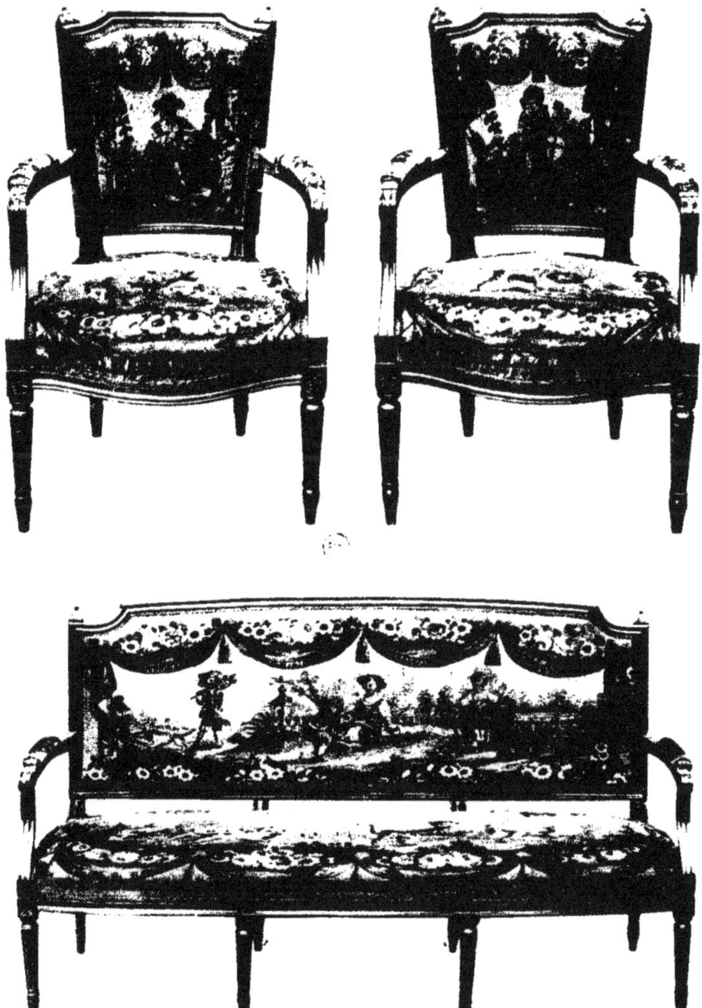

78

Phototypie Berthaud, Paris

79 — Meuble de salon en bois peint blanc et or, composé d'un canapé et de huit fauteuils, couverts en tapisserie d'Aubusson, sujets d'après Oudry. Sur le dossier du canapé, un coq, des poules, poussins et pintades effrayés par un aigle, sur fond blanc, et paysage; sur le siège, une chasse au cerf; sur les dossiers des fauteuils, couples d'oiseaux; sur les sièges, animaux et paysages; encadrements de draperies et de fleurs. Époque Louis XVI.

Largeur du canapé, 1 m. 89 cent.
Largeur des fauteuils, 62 cent.

14.500
Loyer

80 — Tabouret en bois peint blanc, couvert en tapisserie, de la fin du xviiie siècle, à médaillons et fleurs.

250
Porre

81 — Tapisserie d'Aubusson, du temps de Louis XVI : paysage animé, draperies et fleurs.

Haut., 2 m. 45 cent.; larg., 2 mètres.

3.800
Roseneau

www.ingramcontent.com/pod-product-compliance
Ingram Content Group UK Ltd.
Pitfield, Milton Keynes, MK11 3LW, UK
UKHW032011260826
14628UKWH00005B/2424

9 782329 533902